LA SOMPTVEVSE ET MAGNIFIQVE ENTREE DV TRES-CHRESTIEN ROY HENRY III.

de ce nom, Roy de France & de Pologne, grand Duc de Lithuanie, &c.

En la cité de Mantoüe, auec les portraicts des choses les plus exquises.

Par B. D. Vig.^{re}

A PARIS,
Chez Nicolas Chesneau rue S. Iacques, au Chesne verd.

M. D. LXXVI.

QVIS ASCENDET IN MONTEM DOMINI;
AVT STABIT IN LOCO SANCTO EIVS?
INNOCENS MANIBVS ET MVNDO CORDE.

VOUS N'EVSSIEZ tant demeuré (benins Lecteurs) à estre participans des triomphes & magnificences qui furent faictes l'an passé, en la tres-noble & celebre cité de Mantoue, au passage de sa treschrestienne maiesté par l'Italie; N'eust esté que pour vous mieux representer les arcs triomphaux, portes, statues, & autres belles fantasies, & inuentions d'vne bien grande despence, il a esté besoin les faire retirer & portraire au vray, & puis les tailler en plāches de cuiure, comme vous pouuez icy veoir. Cela donques supplira, sil vous plaist, au deffault de ne les auoir eu plus tost en lumiere. Esperant que suiuant le dire du poete Italian.

Tardè non fur mai gratie diuine.

Ce vous sera plaisir & contentement de veoir de si belles choses qui meritoient bien de n'estre point ensevelies soubs l'obli d'vn silence perpetuel. Ce que ie m'asseure que vous congnoistrez par la lecture d'icelles.

A ij

SI TOST que le tres-illustre, & serenissime Duc de Mantoue & du Môtferrat eut nouuelles, q̃ le Roy estoit parti de son Royaume de Pologne pour venir prendre possession de celuy de France, à luy escheu par le decez de feu tres-heureuse memoire le Roy Charles son frere, que Dieu absolue; Et que se deliberant passer par l'Italie, il estoit desia hors de la Hongrie, & s'en venoit à grãd's iournées à la volte du Friol; son Altesse se trouuant lors si mal disposee qu'il ne luy eust aucunement esté possible de se mettre par païs, depescha le sieur Carles de Gonzague pour luy aller baiser les mains de sa part: Et suiuãt le respect deu à vn si grãd & redouté Monarq̃, luy offrir tout le seruice que saditte altesse luy pourroit faire en ce passage: Le requerir quãt & quant, & supplier tres-humblement luy vouloir faire cest honneur, de s'en venir reffreschir en la ville de Mantoue, & y prẽdre son logis en passant, là où l'on sefforceroit de luy faire paroistre la deuotiõ & seruitude, que sa maison portoit à cette inuincible coronne: Cela faict que ledict sieur Carles s'arrestast à la suitte de sadicte maieste, attendant que son Altesse en persone luy peust aller rendre ce debuoir. Quelques iours apres ayant mondict seigneur le Duc entendu que sa maiesté estoit sur le poinct de faire son entree à Venise, combien quil ne fust encore gueres bien refaict de son indisposition, si se mit il neantmoins en chemin pour luy aller faire la reuerence, accompagné de grand nombre de gentils-hommes de ses subiects & vassaux, tous en fort bel equippage. Sa maiesté luy fit vn fort honneste & gracieux racueil, & luy accorda volontiers de passer par Mantóue. Et pour autant qu'elle estoit tousiours venue en fort grand'diligence, sans qu'on peust sçauoir au vray de quel costé son chemin tireroit, parquoy on n'auoit encore peu rien arrester des preparatifs necessaires pour sa reception, son Altesse depescha soubdain vn courrier au comte Theodore de sainct George, pour faire trauailler en toute diligence, à ce qui luy auoit esté laissé par memoire à son partement. Ce qui luy fut facile d'abbreger, pource que la ville de Mantoue a de tout temps esté aussi bien pourueuë d'excellens peintres, imagiers, & architectes que nulle autre de l'Italie. Et mesme ce tant renommé abbé de sainct Martin, le Sieur Primadici, que nous auons veu de nos iours auec admiration tres grande, estoit parti de cette escolle, y ayant faict tout son apprentissage. Tellemēt qu'ēcore que par raison ce deust estre vn labeur de plusieurs mois, si fut il neātmoins paracheué en peu d'heures, voire (ce qui est bié plus admirable) d'vne pfectiō totale & exquise.

S'estant donques sa maiesté tref-chrestiéne rembarqueé à Ferrare pour suiure son heureux voiage, elle arriua le lūdi deuxiesme iour d'Aoust 1574. sur les trois heures du soir à la bouche du Mince, lequel aiant faict vn beau grand lac, au millieu duquel cette cité est assise, s'en va quelques quare lieuës audeffoubs defcharger dãs le Pau; où fon Alteffe, & Mõfeigneur le prince fon fils f'eftans faicts aualler par le canal, l'attendoient defia auec bien cinquante carroffes richement eftoffees, & attellees la plus grand part de cheuaux, & iumens efleuës des haraz de fon Alteffe.

Ainfi fut premierement abordee & racueillie fa maiefté au defcendre de fa barque fur les terres du Mantouan, en la compagnie de Meffeigneurs les ducs de Sauoye, de Ferrare, & de Neuers : de Monfeigneur le grand prieur de France, frere baftard de faditte maiefté; Et des Illuftriffimes feigneurs Dõ Alphonfe, & Dom Francifque d'Eft: lefquels auec vne longue fuitte de plufeurs grands feigneurs, & gentilshommes eftans entrez es carroffes deffufdittes, furent tout incontinent rencontrez par vne trouppe de cinq cés arqueboufiers à cheual, equippez de morions dorez, & manches de maille, & de cazaques noires, la manche droicte efcartelleé de velours iaulne & noir profillé de blanc; qui font les couleurs de fon Alteffe: Chacun garni d'vn coupple de piftolles à l'arçon de la felle. Eux ayans d'arriuee faict vne fort gentille falue, il fe mirẽt de uãt ferrez en ordõnance pour feruir d'aduãtgarde, iufques à vn põt à bafteaulx, qui auoit tout expreffement efté dreffé fur le lac, de la longueur d'vn bon iect darc & plus, affin d'euiter la fafcherie & embarraffement de plufieurs ports, que fans cela on euft efté contrainct de paffer auec peine & ennuy pour vne telle trouppe. Et là faditte maiefté fut de nouueau faluee par cent cheuaux legiers bien montez, & armez, la lance au poing auec la banderole de taffetas iaulne & noir: la cafaque & les calzons de velours noir, & les manches efcartellees comme deffus. Ceux cy fe mirent incontinent en efle de cofté & d'autre à l'entree du pont: Puis quand fa maiefté & fa compagnie eurent paffé oultre, fe tindrent fur la queue en forme d'arrieregarde.

Vn peu plus auant fe prefenterent cinquante ieunes gentils-hommes de vingt à vingt-cinq ans, de fort belle & agreable apparence, montez à l'aduantage fur de braues courfiers & genets harnachez richement, auec des giretz de velours noir paffementez dor; aians quāt à eux les fayes & les chauffes pareillement de velours noir, le tout enrichi de paffements & groffes bouttonnieres dor: Et les chappeaux de taffetas noir armefin, garnis de cordons d'or & d'argent, & de grāds pennaches de plumes blanches naifues, eftoffées de treffes & pallettes d'or, du millieu defquels partoit en fe rehaulfant contremont; vn floc de plumes d'Aigrette qui donnoiēt vne fort bonne grace à cette belle ieuneffe. Et là manians leurs cheuaulx à courbettes à l'abordee de fa maiefté, fe rengerent puis apres aultour de fa carroffe, & la conduirent iufques à vne fuperbe & magnifique maifon de plaifance, quon appelle communément le palais du T. hors la porte de la Pifterle. Au deuant duquel en vne fort belle

& spacieuse prairie, estoient trois mille arquebou-siers armez de iaques & manches, & de morions en teste, auec trois cens corselets: le tout reduict en vn bataillon quarré de sept enseignes de gens de pied, dont les drappeaux estoient de taffetas blanc, vne croix incarnate par le millieu, & quattre grāds aigles noirs aux quattre coings, qui sont les armoiries des ducs de Mantoue. Lors tout à vn instant se commença vne salue d'arquebouserie, entremeslee de phiffres, tabourins, & trompettes, & suiuie d'vne responce que firent sur le champ bien cent grosses pieces d'artillerie, affuttees sur les rempars, & les boulleuards de sainct Marc, & sainct Alexis, qui gardent cette aduenüe, auec deux cens autres que passeuolants, que mosquets espandus le long de la cortine. Et là dessus sa maiesté entra dans le palais susdict: Car pour-autant quil se faisoit desia tard, elle ne peut entēdre au passe-temps d'vne chasse de Lieures & Faisans, qu'on luy tenoit preste le long de la grande alleé, qui dure bien vne bonne demie lieuë; reuestue de costé & d'autre de beaux grands arbres qui font ombrage aux passans. Et sen vint tout droit sadicte maiesté descendre en ce palais, où en la salle des cheuaux (ainsi appellee pour les cheuaulx excellens de la race de Mantoue, qui y sont peints au naturel) estoit dressee vne tres-magnifique collation de confittures, dragees, & aultres ouurages de sucre; Auec vn grand buffet de vaisselle d'or & d'argēt, la plus part des pieces estof-
fees

fees de pierrerie. Apres que ſadicte maieſté eut pris ſon vin, elle voulut veoir les belles peinctures, & Stucs dont toutes les chambres & appartemens ſont enrichis, de l'inuention du tant rare Meſſere Iullio Romano, executee de la main propre du deſſuſdit abbé de ſainct Martin, qui depuis fut enuoïé par Monſeigneur le Duc de Mantoue pere de ſon Alteſſe, & de monſeigneur le Duc de Niuernois, au grãd Roy Frãçois pour trauailler à Fontainebleau. Là entre autres ſingulieres choſes on peult veoir cette tant admirable chãbre des geans, voultee fort hault en forme d'vn pauillon quarré: Es parois de laquelle, eſt repreſentee en platte peincture la guerre qu'ilz attenterent cõtre le ciel, & tous les dieux. Et ſemble proprement que ces lourdes maſſes de chair ſ'efforceans de grimper contremont, doibuẽt accabler & admener en bas auecques eux, le comble de l'edifice ſur la teſte des regardans: ſi bien les a ſceu exprimer le ſçauoir de l'ouurier. Il y a d'auantage vne autre merueille en cette meſme chambre, qu'encore que quelqu'vn parle tant bas qu'il vouldra à l'vn des coings, voire qu'à toute peine il ſ'entende ſoymeſme; Celui neantmoins qui ſera à l'autre coing oppoſite en ligne diagonale, approchãt l'oreille de la muraille, l'orra diſtinctement ſans en perdre vn ſeul mot.

Au partir delà, ſa maieſté ſ'alla aſſeoir en vne chaire qui luy auoit fort richemẽt eſte appareillee au fõds de la cour, vis à vis de la grãd'porte: & lors cõmancerent à passer les parroesses, chacune en son rang Prenans leur tour à la main droicte, Et delà ayans faict la reuerence à sa maiesté, alloiët sortir par vne autre porte vers la main gauche, sans confusion ne embarrassemét aucun. Apres venoient les magistrats de la ville, Secretaires, gens des comptes, le Senat, & le cõseil d'estat de son Altesse: Au nom de tous lesquels, le president Bardellon chef de la iustice prenant la parole, fit vne petite harengue à sa maiesté contenant en substance, que tous se r'allegroiët infiniment de son heureuse bien-venue; autãt desirée de tout ce peuple; Que nulle autre chose eust iamais esté, pour auoir ce bien en leurs iours de veoir là celuy en persone, dont le renommee auoit desia penetré iusques aux extremitez de la terre. Poursuiuit puis-apres cõme son Altesse (leur souuerain seigneur) leur auoit tres-expressement commandé de s'offrir à sa maiesté, eux, leurs biens, & leurs vies; pour en faire & disposer comme de ceux de ses subiects propres. Et mesmement de donner graces, remissions, priuileges, immunitez, & franchises, où & ainsi que bon luy sembleroit: Estans là presens les secretaires pour en receuoir les commandemens, & en faire les depesches: Et le senat & chambre des comptes pour les faire mettre à executiõ: Auec beaucoup d'autres telles gracieusetez pleines d'vne grande honesteté, que sa maiesté eut d'autant plus agreables, que le pareil ne luy auoit encore esté faict nulle part. Les en ayant remer.

ciez, se presenta le côte Theodore de sainct George, auec le gonfallon ou grand estandart au poing, qui fit le mesme debuoir au nom de la noblesse. Et finablement le Reuerendissime Euesque de Mantoue, accompagné de plusieurs autres prelats (quil faisoit merueilleusement bon veoir, tant à cause de leur grand nombre, que pour les riches & precieux ornemens dont ils estoient reuestus, & du bel ordre quils tenoient) vint saluer sa maiesté. Ce que son Altesse voulut d'abondant faire faire, pour l'vn des plus grands honneurs qui se puisse rendre à vn prince, d'enuoier ainsi le receuoir hors l'enclos des murailles par le Clergé de l'Eglise cathedrale, où on a tousiours accoustumé de l'attēdre, principalement en Italie. Et pource qu'il se faisoit tard desormais, le propos ne fut pas long là endroict; Mais seulement vne succincte commemoration des vertus & louanges de sa maiesté, & singulierement de son zele, pieté, deuotion, sinceritē de foy, & autres telles catholiques & chrestiénes parties, qui monstrēt assez que non sans quelque diuin conseil, il auoit esté appellé à cette royalle dignité de premier fils de l'Eglise, tout aīsi que quelque tressage, & prudēt pilote au gouuernement d'vne barque, contre la violence d'vne forte & furieuse tourmēte: Parquoy ils prioient Dieu de le vouloir longuement conseruer & maintenir en tout heur & prosperité, au grand bien & soulagement de son peuple. Sa maiesté les en ayant semblablement remerciez, at-

B ij

tédit encore vn peu que la presse fut escoullee. Puis luy fut admené vn grand cheual de poil brun bay, harnaché de la mesme parure dõt sa maiesté estoit vestue, assauoir, d'escarlatte moree, comme portant encore le dueil du feu Roy son frere : Et consequemment à tous les princes & seigneurs de sa suitte à chacun le sien richement equippé. Estans tous montez, se trouua à l'issue de ce palais vne trouppe de quarante gentils-hommes vestus de toille d'argent, auec des bonnets de velours blanc, garnis de bouttons dor, semez de pierrerie & de perles, & de plumes blanches; ayans des bastons argentez, au poing pour fendre & escarter la presse, & faire faire large; car la foulle estoit extreme. Là entra sa maiesté soubs vn grand poisle de toille d'argent, porté par huict ieunes gentilshommes tous les premiers de la ville, vestus pareillement de toille d'argent, sayes, robbes, & les chausses de velours blanc, enrichies de cordõs & passements d'argent : Audeuant duquel marchoient les princes, seigneurs, & gentilshommes chacun en son ordre. Et ainsi arriua, qu'il estoit pres de soleil couchant, à vn pont de pierre de la longueur d'vne portee d'arqueboufe, lequel trauerse le fossé, qui est fort large & plein d'eau viue, qui coulle fort profonde tout à l'entour de la ville, l'vne des plus belles & plus fortes qui soit en tout le reste du Monde.

A l'entree de ce pont y auoit deux grandes statues debout, posees chacune sur son piedestal, d'vn fort beau geste & action. Dont celle de main droite estoit le Dieu Mars, qui tēdoit son espee au Roy; Comme si desormais il se vouluft reposer sur la vertu & effort de ce valeureux & inuincible champion, de tout le faict des armes, batailles, combats, entreprises, & conquestes, dont on luy attribue la superintendence & conduitte: Ny plus ny moins, que iadis le grād Geant Atlas se soullagea sur les espaulles du preux & infatigable Hercules, de la masse de ce grand-tout, qui commançoit desia par trop à luy peser. Ce que donnoit assez à entendre ce Distique marqué dans le Stillobate.

Hercule supposito, cælo se subtrahit Atlas:
Mars Henricum armis præficit ipse suis.

Et à bon droit certes estoit ce Dieu la representé tout le premier: Car où est le prince à qui les armes rient mieux, soit de l'addresse de sa persone en toutes sortes de combats, tant à pied qu'à cheual, soit pour le maniment & conduicte d'vne guerre scabreuse? Qui en vne si tendre ieunesse ait eu de tels affaires en main, & porté de si pesans fardeaux? Qui en si peu de temps ait veu tant de païs estranges, ny tant de peuples & nations; se soit soubsmis à de tels perils & dangers? Desquels si son bonheur la garēti & iecté dehors, si fault il neantmoins que la hardiesse & asseurance dont il les osez entreprēdre, soient referees à sa vertu, à qui on n'en sçauroit faire tort. Au demeurant, cela se peult dire sans enuie, ny rien desroger à persone, que de cette tresilluftre & inclite maison de Mantoue sont sortis autant de bons & excellens capitaines, que de nul aultre endroict que l'ō sçache, depuis les anciés Romains : Et du territoire mesme, des meilleurs, des plus braues, & addroicts cheuaulx pour la guerre.

L'autre statue qui estoit au costé gauche representoit la belle & gentile nymphe Mantho, laquelle haulsant la main en signe d'asseurance, comme esprise d'esprit prophetique à l'arriueé de ce grand Roy, luy anonçoit encore tout bon heur & felicité pour l'aduenir, par ces vers marquez comme les precedens.

INGREDERE O REGVM FORTVNATISSI-
ME, NAMQVE
INTRANTI RERVM EVENTVS PROMIT-
TO SECVNDOS.

I

Au millieu de ces deux statues estoit esleué vn portal par où sa maiesté auoit à passer, & delà sur le pōt. Le portal estoit à la Corinthienne d'vn fort bel aspect, tant à cause de ses proportions & mesures qui estoiēt par tout tres-exactement obseruees, que pour les ornemens & ouurages dont il estoit embelli. Et entre autres choses, au dernier entablement sur le millieu de la cornice, estoit planteé de plein relief la statue Gigantale d'vne dame qui brisoit le frontispice, representant la France; laquelle auoit vne coronne en la teste, & en tenoit vne aultre semblable entre les mains, cōme pour l'asseoir sur le chef de sa maiesté en passant dessoubs l'arc. Et au bas de ce Colosse, estoient ces mots.

HENRICO CHRISTIANISSIMO REGI.

Plus bas encore dans le renfondrement d'vn grād quarré, estoit taillé de relief le mont Olympe, ancienne deuise de la maison de Mantoue, couuert iusques à la moittié d'herbages & arbres verdoyans: mais de là en sus ne se monstroit que la roche bise, toute cruë & descharnee; dont le sommet passoit les nues qui sont en la moïenne region de l'air, où se forgent, les fouldres & tonnerres, pluies, gresles, & toutes autres impressions & changemens d'icelluy. Et là estoit marqué en lettres capitales Romaines, ce mot icy. FIDES. Et au pied de cette montagne.

HIC SEMPER TVTA.

Deno-

Denotant que tout ainsi que la cime de ce hault mont n'est aucunement subiecte aux vents, tempestes, & orages, car la cendre espandue sur l'autel qui y est, y demeure ferme-arrestee, Aussi la foy doibt estre entierement deliure, & exempte de tous troubles, agitations, & esbranlemens, qui pourroient tirer l'esprit de l'homme à quelque doubte & irresolution : Comme specialement s'est tousiours veu en ceux de cette Catholique & religieuse maison. Pour arguer aussi & conuaincre de menterie, ceux qui ont voulu dire, *Nusquam tuta fides*.

Aux deux costez de cette belle deuise, dans le fonds de deux quarrez barlōgs, estoiēt formez des trophees, garnis & reuestus de toutes sortes d'armes, & despouilles de guerre, dorees, argentees, & glacees de couleurs par endroicts; qui rēdoient vn lustre & esclat fort plaisāt à la veüe : Et aux entre-colōnes du rencontre, & face de ce portal, en deux niches rondes trouuees & profondees dans le massif du mur, se voyoient deux statues; Assauoir celle de la Paix, tenant en l'vne de ses mains vne branche d'oliue, & en l'autre vn brandon ardent; comme si de ce pas elle eust voulu aller mettre le feu aux armes dessus dittes : Car desia elle auoit le pied droict esleué sur vn heaume ou cabasset antique; auec ce mot en vn roulleau,

IN PACE.

L'autre figure estoit faicte pour la Deesse Ceres,

C

ayant vne poignee d'espis de bled en vne main, & vne corne d'abondance en l'autre; le tout accompagné de cette escripture.

ET ABVNDANTIA.

En l'architraue estoit vne telle inscription.

GVL. DVX MANTVAE, ET MONT-FERR.

Toutes ces choses estoient grandement belles & plaisantes à veoir, & donnoient vn grand esbaissemét à ceux mesmes qui les contemploient de bien pres, pour auoir esté conduictes à telle perfection en si peu de temps & de loisir. Ce-pendant sa maiesté aiant passé cette porte, entra sur le pont, où de costé & d'autre les accouldoüers estoient haulsez d'vn ordre de grandes balustres de marbre feinct, à vn pied entre deux, enclauees dans le mur pour garder qu'en cette presse qui chargeoit oultre mesure, quelqu'vn ne cheust dedans l'eaue : & ainsi vint iusques à la porte de la ville ; là où son Altesse mettant pied à terre, luy presenta dans vn grand bassin d'or garni de pierreries, vn trousseau de clefs d'orees, auec vne petite harengue accommodee au subiect. Dequoy sa maiesté l'ayant courtoisement remerciee, les remit dedans le bassin.

A ses estriefs estoient deux ieunes gentilshommes de maison illustre, pour luy seruir d'estaffiers: Et trois pages au deuant, montez sur de braues & orgueilleux coursiers, qui de fois à autre allans au gallop gaillard, se faisoiét bié faire place. Les pages auoient au bras gauche vne targue merueilleusement riche, Et la zagaye en la main droicte, auec des morions d'argent en teste, ouurez, & cizellez à fueillages d'or, & garnis de pennaches d'vne grand' monstre. Et tout à l'entour du poisle estoient espadus cinquante hallebardiers vestus de velours iaulne & noir: qui est la garde ordinaire de son Altesse.

Or tout ioignant cette porte de la Pifterle, y a vn fort beau palais appellé fainct Sebaftian; ouquel dans vne falle ou gallerie haulte fe voient douze tableaux des triomphes de Cefar, faicts de là main du bon maiftre André Mantegne, qu'on tient pour le plus beau & accomply chef-d'œuure de platte peincture, qui foit pour le iourdhuy en toute la terre: De forte qu'ayant l'ouurier laiffé tout expres quelque chofe à paracheuer en l'vn des cheuaux qui tirent le char triomphal, il ne s'eft onques depuis trouué homme, qui ait ofe entreprendre d'y mettre la main pour le parfaire.

Depuis ce palais, où fa maiefté n'eut lors le loifir de f'arrefter, elle tira outre le lóg de la grand rue, en l'ordónance que deffus, iufques à l'ēdroict de fainct Silueftre: Et là fe cōmancerent à veoir les rues tapiffees fort richemēt, auec vn peuple innumerable de cofté & d'autre, criant à haulte voix. VIVE LE ROY. tout ainfi que fi c'euft efté dans Paris. Les feneftres & perrós eftoient parez de tappis cairins & Perfiés, & de tant de gentils-hommes & belles dames accouftrees à l'aduantage, qu'on n'euft fceu de quel cofté ietter l'œil, & encore moins l'y affeoir. Eftant donques faditte maiefté paruenue à l'endroit de fainct Silueftre, où il ya vn fort beau pont fur la riuiere qui paffe par le millieu de la ville, fe rencontra de front vne haulte & fuperbe porte à deux ordres. Celuy d'ēbas eftoit pour l'arc, auec fes impoftes, foubaffemens, bafes, colomnes, chapiteaux,

C iij

sommier, frize, & cornice : le tout d'ouurage Ionique. L'autre estoit à la Corinthienne; ayant pareillement tous ses membres & moulures, hors-mis le frontispice; au lieu duquel on auoit planté, comme vn gros bloc de pierre couuert d'vne plattebande, & d'vn plinthe, sur lequel posoit vne victoire tenāt en main vn rameau de palme, qu'elle mōstroit vouloir consigner à sa maiesté, ainsi que l'escripture le tesmoignoit,

REGI DATE PALMAS.

Et de costé & d'autre estoient les armoiries de saditte maiesté, escartellees de France & de Pologne, en de grands escussons doubles naissans d'vn fleuron, faict de deux roulleaux en lieu d'Acroteres. Et d'autant que les triomphes & victoires les plus durables s'obtiennent en craignant Dieu; vsant tousiours de bon conseil, sans riē precipiter à la vollee; se monstrant ferme, & resolu és perils qui se presentent ; patient & asseuré és trauaux, contrarietez, & mes-aises, & large & liberal enuers ses souldars; toutes lesquelles choses se treuuent excellemment en sa maiesté. Aussi ces vertus estoient representees audessoubs de la dessusdicte victoire, en la maniere qui s'ensuit. Celle que vous voiez en vne niche ronde tenant vn temple en sa main, est la religion, qui dit ainsi,

EGO TE COELESTIBVS INSERAM,

Et à l'autre cofté la Prudence, auec ce mot:

ME DVCE LATE DOMINABERIS.

En l'ordre d'embas, en vne niche quarreé foubs la religion eftoit la force, ayant en la main droicte vne coronne, & vne lance en la gauche: L'efcripture puis apres en eftoit telle.

CVM ME SEQVERIS, PROXIME AD
DEVM ACCEDIS.

Et à l'oppofite la liberalité gaïe & riante, tenant auſſi vne coronne en la main; auec vne Aigle à ſes pieds: le tout accompagné de cette belle fentence.

ME COMITE, PLVRA
QVAM DABIS, ACCIPIES.

L'architraue eftoit remplie de cette infcription:

MAGNO HENRICO, GALLORVM ET
SARMATIÆ REGI.

La voulte de l'arc fe monftroit compartie & diftribuee à guillochis, entrelas, & quarreaux à rofaces, & morefques; en fe diminuant vers le centre fuiuant la raifon de perfpectiue. Et en la profondeur de la muraille de chaque cofté eftoit practiquee vne niche, auec fa voulſure à demi-retube, où pofoit fur vn Stillobate la figure d'vne femme plus grande que le naturel. Celle de main gauche reprefentoit la vertu, & faifoit figne du doigt à l'autre, mife là pour la Pologne: Comme fi elle eûft voulu affeurer le Roy, que tout ainfi que par elle, & fon feul moien il eftoit paruenu à cette belle & ample monarchie, Auffi la luy vouloit elle conferuer. Ce que le mot donnoit affez à congnoiftre,

IPSA DEDI, EADEM TVEBOR.

La Pologne tenoit fort attentiuement vne coronne entre les mains, & fembloit vouloir dire,

HANC REGI SERVO REDVCI, NEC ALTERI DEFERAM.

L'autre face que le Roy à l'outrepaffer laiffoit à fes efpaulles, eftoit de la mefme ordonnance que la premiere, auec quatre colōnes, & quatre niches. Et pour ce que la gloire & renommée qu'on acquiert par les armes ne fe peult longuement maintenir, fi on ne fe monftre fage, foigneux, & aduifé à bien gouuerner fon peuple; Doux, & benin enuers iceluy; droitturier & equitable à vn chacun; Et fobre & retenu en fes defirs, affections & concupifcences; Defquelles vertus fa maiefté n'eft moins embellie & ornee que des autres precedentes; Tout premierement, au mefme reng de la religion eftoit la figure d'vne Renommee, bien facile à difcerner pour la trompette qu'elle tenoit en fa main, Dont fans ceffe elle publie les faicts heroiques des hommes valeureux; Et en l'autre vne guirlāde ou chappeau de fleurs, auec vn efcripteau à fes pieds contenant ces mots.

NEC REGNI, NEC FAMAE FINIS ERIT.

A l'autre costé estoit la iustice, ayant l'espee en vne main, & les balances en l'autre: Et disoit en cette sorte,

FIDA REGNORVM CVSTOS ERO.

Audessoubs de la Renommee, la tollerance qui auoit vne rouë en la main gauche, & vne coronne en la droicte, sembloit vouloir encourager les gens par ces paroles,

LABOR HAVD EST LABOR, AEQVO ANIMO SI FERAS.

Et tout de mesme, la perseuerãce en son endroict soubs la iustice. Car estant coronnee de belles branches de laurier, vn baston au poing, elle disoit ainsi,

NEC DVBIÆ RES MVTABVNT, NEC SECVNDAE.

Au niueau de la victoire de la premiere face, sur vne mesme forme de piedestal, entre deux autres escussons semblabes aux precedens, estoit hault esleuee la figure de la Temperance, auec vn vase antique de façon Corinthienne, gisant à ses pieds, & aultour diceluy ces mots cy.

POTENTES HAVD POSSE DECET QVOD NON DECET.

D

Et en l'architraue, vne semblable inscription que la precedente.

MAGNO HENRICO GALLORVM, ET SARMATIÆ REGI.

Toutes ces belles fantasies & inuentions ainsi gentilment disposees, & la varieté de tant d'ornemens y appropriez, m'eussent presque faict oblier de vous dire, qu'en chacune des deux faces, entre les niches rondes de l'ordre d'en-hault, sur toute la portee de l'arc, estoient representees en platte peinctu̧re les batalles & faicts d'armes heureusement menez à fin par ce Magnanime Roy, n'ayant encore vn seul poil de barbe : Qui le rendoient d'auantage admirable à ceux, qui en ayans seulement oy parler le voyoient là face à face.

IIII

Passé ce beau portail, sa maiesté continuant son chemin tout le lõg de la grand'rue sainct Siluestre, arriua vers l'Eglise sainct André, où il y a l'vne des plus hardies & superbes voultes qui soit en tout le demeurant de la terre: & là se trouuerent les rues tapissees de cuirs dorez, de fueillars, & chappeaux de triomphe de diuerses verdures, fleurs, & rinsseaux d'arbres, resserrez en quatre endroicts de liasses entrelassees, iusques au delà du grand marché, à la porte de la garde; au hault delaquelle ya vn iardin en terrasse planté d'orangers, de myrthes, & cyprez, qu'il faict fort bon veoir d'embas. Sur les appuis d'icelle faicts à moulures, & cleres-voies de Balustres, estoient douze ioüeurs d'instrumẽs, desguisez en Anges, qui commancerent vne tresbelle musique & aulbade, cependant que sa maiesté fit la endroict vn peu de pause, pour contempler les belles inuentions & ouurages dont cette porte estoit decoree. Car audessus de l'arc, lequel ensemble ses iambages, estoit faict d'vne rustique à tables & poinctes de diamans, y auoit encore deux autres ordres, chacun departi en trois Arcades, entre quatre Tremeaux en forme de pillastres, enrichiz de figures dans le nud, où estoient representez quelques-vns des labeurs du fameux & renommé Hercules; simbolisans fort bien auec les peines, trauaux, & dãgers ausquels sa maiesté s'est exposee cõtre tant de mõstres espouuentables. Et tout premieremẽt la perilleuse entreprise du venimeux serpent

D iiij

Hydra à sept testes, esleuee de plein relief, auec ces vers Iambiques au dessoubs.

> HENRICE MAGNE REX, ET ALTER HERCVLES
> FORTIS, DOMARE PERGE MONSTRA BELLICA.

En l'autre d'apres se voyoit le mesme Hercules, mettāt à mort d'vn coup de masse le redoubté Gerion à tout ses trois testes coronnees : y ayant ces deux vers ici escripts au dessoubs.

> TERTIA GERIONEM FREGIT VICTO-
> RIA MONSTRVM:
> TERGEMINVM TVA PALMA DABIT
> REX TERTIA LÆTHO.

Et en la troisiesme, la mort du brigand Cacus, accompagneé de ces deux autres hexametres.

> VT CACO ALCIDES, SIC TV REX MA-
> GNE FVRENTI
> CONCILIO VNDANTES EXTINGVIS
> FAVCIBVS IGNES.

Droict au dessoubs de l'Hydre, estoit representé le combat d'Anthæus fils de la terre, lequel ne pouuāt mourir que soubsleué en l'air, on le peult veoir ici estouffé entre les robustes bras diceluy Hercules : Et vn tel distiche à ses pieds.

> ANTÆO HENRICI TANDEM VIRTVTE
> POTENTIS
> IMPIETAS VIRES ADDERE VICTA
> TIMET.

Puis celuy d'Achelous en forme d'vn fier & furieux taureau, auec cest autre Distiche.

VERTE TE IN OMNES FACIES ACHE-
LOE, FEROCEM
HENRICI HAVD FVGIES IMPROBVS
ARTE MANVM.

Et finablement ſa maieſté montee à cheual en habit de pacificateur, vne prouince proſterneé à ſes pieds les mains ioinctes, & tendues comme demã-dant grace: laquelle alleguoit pour ſes raiſons ce tant beau vers du Poëte Mantouan.

PARCERE SVBIECTIS, ET DEBELLARE
SVPERBOS.

En l'Architraue eſtoit eſcript en groſſes capitales Romaines.

HENRICO PALMAE LAVRI, MERI-
TOQVE TRIVMPHI
VBIQVE DANTVR GENTIVM.

Des coſtieres ou iambages de l'arc, vn peu plus hault que le millieu de l'ouuerture de la porte, s'ail-loient hors d'œuure des conſoles; ſur la plattebande deſquelles poſoient deux ſtatues en habit & cõtenance de captifs, les mains liees, & la face triſte & dolente: Signifians les extorſions, rapines, violences, & oultrages que font ordinairement les plus puiſſans ſur les pauures & imbecilles, qui n'õt moïẽ de s'en defendre. Parquoy il fault que le Prince preine leur cauſe en main, & les garentiſſe de telles oppreſsions & tyrannies.

Au deſſoubs de l'arc dans l'eſpoiſſeur de la muraille, eſtoit de chaque coſté cauee vne autre niche.

En celle de main droicte y auoit le temple de Belone la meurtriere Deéſſe, qui preſide aux noiſes & eſfuſion de ſang, lequel eſtoit octogone, porté ſur vn gros empattement ou aſſiſe de marbre à retraictes: Et audeſſus d'iceluy, huict faces, & huict colones, ſurquoy regnoient Architraue, Frize, & Cornice: Le tout d'ouurage Dorique plain, ſans aucuns enrichiſſemens. Et eſtoit conuert d'vne voulte ronde finiſſant en Tribune ou laterne, dõt prouenoit toute la clarté qui pouuoit eſtre par le dedans : Car audemeurant le Temple eſtoit clos, & bien bacclé, portes & feneſtres, & meſmement la porte, à gros barreaux, & cadenats.

De l'autre part eſtoit vne ſtatue faicte pour repreſenter la fureur, qui ſembloit bien à ſes geſtes & cruelle contenance, toute farouche & tranſportee hors de ſoy. Auſſi eſtoit elle liee & garrottee auec de groſſes cheſnes; Et à ſes pieds giſoient de grands tas & monceaux d'armes offenſiues, fracaſſees & briſees en menües parcelles. Toutes leſquelles choſes denotoient la doulceur & benignité de ce Roy débonaire, enuers ceux qui viendrõt à ſe recongnoiſtre & fleſchir ſoubs le ioug de ſon obeiſſance, comme ils doibuent; car lors par le moien de ſon prudent aduis, il fermera le temple de Ianus à toutes guerres & eſmotions ciuiles. Le fonds de la voulte eſtoit embelli de lozanges & roſaces à demi boſſe, qui ſembloient pendantes comme culs de lampe, Mais la perſpectiue cauſoit cela.

Au

Au sortir de cest arc, sa maiesté entra en la grād place qui est deuant le chasteau ou palais de son Altesse, l'vne des plus belles & superbes demeures qui soit en toute la chrestienté. Car il a sa veuë sur le lac, où il ya vn pont de plus de douze cens pas de lōg, faict de pierre de taille & de bricque, & conuert d'vn bout à autre d'vn hault comble de charpenterie. Dans ce palais ya plusieurs corps d'hostel, & logis, nō subiects les vns aux autres; courts, iardins, escuiries : & grand nombre de salles, cabinets, portiques, galleries; toutes enrichies comme par despit de peinctures, d'or & d'azur, d'ouurages de Stuc, testes de marbre, & statues antiques, auec autres infinis ornemens dignes d'vne maison royalle; voire tels qu'il ne seroit possible le racōpter, ny escripre; Ne aussi peu les conceuoir en l'esprit, si on ne les veoit à l'œil.

Passant donques sa maiesté à trauers cette grande place remplie d'vne infinie multitude de peuple, qui à haute voix remplie d'allegresse, & ioyeuses acclamations le benissoit, & luy souzhaittoit tout heur & felicité, sen alla descendre à l'entree du Dome ou Eglise cathedrale, là où elle fut de rechef saluee & receüe de l'Euesque & du Clergé, qui luy presenterēt les reliques à baiser. Puis chantās vn TE DEVM le conduirent deuant le grand autel, où il demeura à genoulx fort deuotement en oraison plus d'vn bon quart d'heure. Cela faict, & ayant receu la benediction dudict Euesque, sortit par la porte des orgues qui va au chasteau, où il voulut aller à pied, neantmoins on luy porta encore le poisle,

A l'entreé du chastean estoit vn autre Arc triomphal, garni de quattre grandes colomnes de marbre, d'ouurage Dorique, en la frize duquel estoient escrips ces vers.

LÆTVS ADI, ET NOSTRIS SVCCEDE
PENATIBVS HOSPES.
HIC TE SVSCIPIET NON TEMERA-
TA FIDES.

Dans le tympan du frontispice, estoit taillé à demi-bosse vn trophee, reuestu de toutes sortes d'armes, & audessus d'iceluy vn amortissement en forme d'Acrotere; Au hault duquel posoit vn grand escusson aux armoiries de France auec sa coronne, tenu par deux nymphes de plein relief. Dont l'vne monstroit estre la renommee, par les trompettes qu'elle tenoit en ses mains; Et l'autre estoit vne victoire equippee de branches & rameaux de palme. Et sur les deux coings vn peu plus bas, y auoit deux autres escussons moindres, portans les armes de son Altesse; Assauoir celles de Mantoue au costé droict, & du Montferrat en l'autre; Esquelles y a six quartiers, & vn faulx escu au millieu.

Le premier qui est vne Aigle d'or à deux testes en champ de guelles, sont les armoiries de Constantinople, chef iadis de l'Empire d'Orient, que Michel Paleologue enuiron l'an 1254. retira des

E ij

mains des François, apres qu'ils l'eurent occupé par l'espace d'éuiron cinquante ans. Et depuis, luy, & neuf autres Empereurs de sa maison, y regnerent consecutiuement les vns apres les autres sans interruption aucune, par l'espace de 197. ans, iusques à ce que Mehemet Empereur des Turcs, fils d'Amurat second, l'an 1453. prit d'assault ladicte ville de Constantinople; où fut tué combattant vaillamment à sa bresche, Constantin Paleologue le dernier Empereur de cette tres-illustre maison, & de la Grece. Mais long temps au parauant l'an 1306. Theodore Porphirogenite fils de l'Empereur Andronic Paleologue, & de Violante Sœur de Iean Marquis de Montferrat, qui mourut sans hoirs, estoit venu au nom de sa mere prendre possession dudit Marquisat, où sa posterité a depuis heureusement commãdé iusques à present. Le secõd quartier sont les armes de Ierusalẽ ; à cause des Roys de Ierusalem, qui sont sortis de la maison de Montferrat, Comme le petit Baudouyn fils de Guillaume longue-espee, & de Sibille Sœur du Roy Baudouyn, laquelle fut depuis remariee à Guy de Luzigné. Et apres la mort de Sibille, Conrard frere dudict longue-espee, lequel auoit espousé Isabeau Sœur de Sibille. Le troisieme est Arragõ ; Par ce q̃ Iean filz du dessusdict Theodore Porphyrogenite, eut à femme Elizabet, fille de Dom Iacques Infant d'Arragon, & Roy de Maiorque, & Minorque. Au mõien duquel mariage, leurs descendans ont depuis adiouxté à leurs armoiries le quartier dudit Arragon. Le quatriefme est Saxe: Car Alleran premier Marquis de Môtferrat, qui efpoufa la fille de l'Empereur Othon, fut fils de Guillaume Duc de Saxe. Le cinquiefme, font les armes du Duché de Barri, au Roïaume de Naples; à caufe du mariage de Theodore deuxiefme de ce nom, & le trofiefme en ordre des enfans mafles d'iceluy Iean, auec Ieanne fille aifnee de Robert Duc de Barri. Le fixiefme, affauoir quatre fufils autour d'vne Croix, ou plus toft quattre B. grecs maiufcules, font à la verité les armoiries de l'Empire de la Grece. Car encore que cinq Empereurs Fráçois les vns apres les autres tinffent Conftantinople; pour cela neantmoins ne laiffoit pas d'y auoir toufiours vn Empereur Grec, comme Theodore Lafcaris, Iean Ducas, Theodore Lafcaris le ieune, filz dudict Ducas: lefquels faifoient leur refidence en la ville de Nicee en Bithinie; iufques à ce que Michel Paleologue recouura Conftantinople & reunit le tout enfemble. Toutesfois on prend auffi ces armoiries pour celles du Roïaume de Theffalonique, dont les aifnez des Empereurs de Conftantinople fouloient auoir le gouuernement, & iouyr du reuenu durant la vie de leurs peres. C'eft vne belle & groffe cité fort ancienne, affife au fonds du goulphe Thermaique, dont elle eft auffi appellee Therma, & eft fans aucune doubte du Roïaume de Macedoine; Mais elle fut ainfi appellee par Philippes pere d'Alexandre le grand, pour vne groffe

E iij

bataille qu'il gaigna là auprès côtre les Thessaliens. Ce fut là que le grād Theodose fit mourir onze mille des citoïens, en vengeance de la mort des iuges & gouuerneurs qu'il leur auoit laissez: dōt il fut interdit de l'Eglise par sainct Ambroise Archeuesque de Millan. Or René filz de Guillaume le vieillard Marquis de Montferrat, conquit ce Roïaume à la poincte de l'espeé, sur l'Empereur Alexis Cōnene: Et depuis ayans espousé la Sœur l'vn de l'autre, il vint apres sa mort à son frere Boniface, à qui il fut restitué par les Barons Frāçois, lors que Baudouyn comte de Flandres fut esleu Empereur de Constantinople: Tant pour ce qu'aussi bien cela luy appartenoit de droict, que pour l'appaiser de ce qu'on luy auoit preferé vn autre à l'Empire, veu quil estoit chef de l'armee des occidentaulx. Apres son deces, son fils puisné Demetrius luy succeda, lequel estant mort sans enfans, ce roïaume reuint à l'aisné, (Guillaume Marquis de Montferrat) qui le donna en mariage à sa fille Violante, lors qu'il la maria à l'Empereur Andronic Paleologue, dont nacquit Theodore, lequel par testament de son oncle Iean succeda audict Marquisat. Le faux escusson, est la banniere Roïalle mipartie d'incarnat & de blanc, que le Marquis Conrard Roy de Ierusalem souloit porter à la guerre contre les Sarrazins, laquelle est depuis demeuree incorporee au millieu des armoiries dudict Marquisat. Mais pour retourner à nostre propos, soubs l'Architraue de cest arc triomphal, dans les gouffets d'iceluy, eſtoient encore taillees à demi-boſſe deux belles nymphes ayans des æſles, qui tenoient d'vne main vne coronne ſuſpendue, tombant à plomb ſur le millieu de la porte; comme pour feruir de clef à la voulte; & de l'autre, l'vne vne branche d'oliuier; & ſa compagne vn rinſſeau de Palme.

Sa maiefté peut là veoir en paffant les braues & fuperbes efcuiries de fon Alteffe, qui n'ont pair en toute la chreftienté; pleines de toutes fortes de cheuaux deflitte, courfiers, genets, & femblables. Et de là elle entra en la grand cour du chafteau, qu'on appelle la cour du pré, au millieu delaquelle eftoit plãté vn grand piedeftal garni de fes moulures, qui fouftenoit vne ftatue de bronze faicte pour le gentil Oenus fils de la nymphe Mantho, premier fondateur de cette cité; tenant en fa main droicte vn fceptre Roïal, & en la gauche vne Truelle à Maçõ, ainfi qu'on peult veoir au prefent portraict: Auec les fleuues du Pau & du Mince, fortans de deux vrnes antiques qui font à fes pieds, où eftoient efcripts ces vers en belles lettres d'or.

VENISTI TANDEM, NEQVE ME EX-
PECTATA FEFELLIT,
VT REGEM ACCIPEREM MATRE
MONENTE DIES.

F

VII

A l'entree du chasteau, là où l'on a accoustumé de faire la garde, estoit dressee vne autre porte triomphalle, d'ouurage Dorique, ayant six colomnes de front, plantees sur leur soubassement; qui faisoient trois passages, dont le plus grand estoit vne large & spacieuse arcade, le cintre delaquelle tomboit d'vn bout & d'autre sur le sommier seruant d'imposte à l'arc, & d'architraue aux colomnes. Toute la courbe de l'arc venoit à se perdre dans la haulteur de la frise, qui regnoit seulement sur les passages quarrez, où estoient sauuez deux tableaux en saillies, contenās l'histoire de M. Curtius, & celle d'Horatius Cocles. Et sur l'entre-colomne des angles, vne referente enrichie de fueillages & de fruicts. La suitte estoit d'vne belle cornice, haulsee d'vn autre entablement rempli de trophees & despouilles de la terre & de la mer: Pour monstrer la grandeur de l'Empire de sa maiesté, & les memorables victoires que ses predecesseurs ont obtenües en tant d'endroicts, que la memoire ne s'en perdra iamais. Mais ce qui luy donnoit le plus de grace, estoit que sur l'espace des colomnes angulaires y auoient des retours qui formoient deux piedestals; du nud desquels saillioient deux testes antiques: Et au millieu estoit esleuee vne grand' table quarree refendue, de pierre de parangon, noire & luisante comme iayet; contenant en grosses lettres d'or grauees au dedans, l'epigraphe ou inscription qui s'ensuit.

F ij

GVLIELMI DVCIS MANT. ET MONT. FERR. INSIGNIS ERGA HENRICVM GALLORVM ET SARMATIÆ REGEM STVDII PERPETVVM MONVMENTVM.

Cette table eſtoit embellie & ornee d'vne Cornice, & de deux Roulleaux, qui en lieu de frontiſpice enclauoient vn piedeſtal pour le faire ſeruir d'Acrotere, en forme d'vne Baluſtre renuerſee : ſur le cul delaquelle poſoit vne grand'fleur de lys d'or coronnee. Et aux deux coings vn peu plus bas reſpõdans droict à plomb entre les deux colomnes angulaires, deux autres moindres Acroteres, & fleurs de lys du tout ſemblables. Vn peu plus auant encore au deſſoubs de la porte du pont, y auoit vn grãd eſcuſſon aux armoiries de ſon Alteſſe, garny de feſtons & liaſſes d'or cliquant.

Là entra sa maiesté dans le chasteau, ouquel estoit preparé le logis Royal : Et pour la garde de sa persone trois cés hômes de pied establis, armez de corselets, mâches de maille, & morions : Tous habillez au reste de velours noir. Saditte maiesté eut vn fort grand plaisir de les veoir si bien en ordre; Mais tout incontinent se presenta au pied de l'escallier la serenissime Duchesse de Mâtoue, fille, sœur, & niece d'Empereur, qui l'attendoit auec grand nombre de dames vestues de drap noir, pour accompagner le dueil que sa maiesté portoit. Apres l'auoir saluee, & entretenüe de quelques menus propos en montant les degrez, sadicte maiesté entra finablement dans les chambres qui luy auoient esté aprestees, où il y auoit quattre pieces entre les autres toutes tendues de drap d'or & d'argent, auec les lictz, Dez, & Baldaquins de mesme : Et apres s'estre resfreschie vn bien peu, se mit soubdain à negocier & escripre suiuant sa coustume, qui n'est iamais de demeurer oisiue. Puis souppa quil estoit bien vne heure apres minuict, estant seruie de ses gentils-hômes propres, & officiers de bouche, & mangeant toute seule à part, sans aucune compaignie à sa table. Ie ne m'estendray point à racompter ici par le menu l'ordre & somptuosité de son seruice, ny de celuy des Princes, & Seigneurs de sa suitte; Car ce sont choses que chacun se peult assez imaginer, sans qu'on s'amuse à les descripre : Mais cette nuict la mesme, il y eut bal, où se trouuerent toutes les principales Dames qui eſtoient venues à la feſte. Et durerent les danſes, ieuz, & esbattemens iuſques preſque au poinct du iour, que ſa maieſté fut conduitte en ſa chambre, par ſon Alteſſe, & les autres Princes.

Le l'endemain enuiron les onze heures, ſadicte maieſté ayant deſia negocié vne bonne piece, ſe trouua preſte à ſortir. Tant pour aller à ſes deuotions accouſtumees, que pour viſiter les ſingularitez de la ville, où il y a d'autres palais de ſon Alteſſe oultre ſa principale demeure, & des particuliers encore, fort excellens & magnifiques, dedans la ville & dehors: meſmement celuy du ſeigneur dõp Ferrand de Gõzague iadis vice-Roy de Sicile & de Millan, ſitué ſur le bord du lac, aſſez pres du lieu où l'on dit que Virgile fut nay. Mais pour raiſon du mauuais temps, & de la groſſe pluye qui dura iuſques apres Midy, ſaditte maieſté fut contrainte de demeurer au logis, & remettre la partie au l'endemain: Toutesfois ſur les trois ou quattre heures le temps s'eſtant r'adoulci, elle monta en coche auec les Princes & Seigneurs pour aller à Marmirol, vne maiſon de plaiſance à deux lieües de la ville, excellemment belle, tant à cauſe des grands & riches baſtimés qui y ſont, que des iardinages, prairies, boys, & fontaines; là où l'on luy auoit apreſté vne chaſſe de beſtes noires, & vne autre de cerfs, de cheureux, & de Daims; ſi bien qu'on n'auoit pas faict en vn endroict, qu'il falloit recommancer à l'autre. Et y auoit outre cela vne collation treſ-exquiſe, auec le

Bal qui la debuoit accompagner defia tout dreffé: quant on luy vint apporter vne depefche, laquelle eintrrompit le tout. Au moïen dequoy eftant foubdainement montee en fa carroffe, s'en retorna à Mantoue; où apres auoir fouppé legierement, combien qu'il fuft defia nuict toute clofe, s'en partit neantmoins, au grand regret de tout ce peuple qui en auoit fi peu iouy, pour aller à Burgoforte, là où elle fe r'embarqua, pour acheuer fon bien heureux voyage. Son Alteffe toutesfois ne laiffa de la faire coftoyer le long de l'eau, par cinquante ou foixante carroffes; affin que fi d'auenture elle fe trouuoit ennuyee, elle peuft defcendre en terre, & fe recreer la deffus.

FIN.

www.ingramcontent.com/pod-product-compliance
Lightning Source LLC
Chambersburg PA
CBHW070702050426
42451CB00008B/465